Katleen Lohrmann/ KreutLin naturbewusst

Kleines Vitaminbuch
„Wild- und Heilkräuter"

Kleines Vitaminbuch
„Wild- und Heilkräuter"

Katleen Lohrmann

Bibliografische Information der Deutschen Nationalbibliothek: Die Deutsche Nationalbibliothek verzeichnet diese Publikation in der Deutschen Nationalbibliografie; detaillierte bibliografische Daten sind im Internet über http://dnb.dnb.de abrufbar.

Die automatisierte Analyse des Werkes, um daraus Informationen insbesondere über Muster, Trends und Korrelationen gemäß §44b UrhG („Text und Data Mining") zu gewinnen, ist untersagt.

Lektorat: Katleen Lohrmann

Verlag: BoD · Books on Demand GmbH, Überseering 33, 22297 Hamburg, bod@bod.de

Druck: Libri Plureos GmbH, Friedensallee 273, 22763 Hamburg
ISBN: 978-3-8192-0825-6

Inhaltsverzeichnis

1.0. TITEL DES KAPITELS

Vorwort

Die Natur hält einen wahren Schatz an Vitaminen, Mineralstoffen und wertvollen sekundären Pflanzenstoffen für uns bereit.

Besonders Wild- und Heilkräuter sind reich an essenziellen Nährstoffen, die unseren Körper auf natürliche Weise unterstützen und stärken können.

Oft übersehen wir diese grünen Kraftpakete am Wegesrand, dabei stecken in ihnen wertvolle Inhaltsstoffe, die seit Jahrhunderten für Ernährung und Heilzwecke genutzt werden.

Dieses Buch bietet eine kompakte Übersicht über die wichtigsten Wild- und Heilkräuter, ihre Vitamine, Mineralstoffe und besonderen Wirkstoffe.

Es soll als Nachschlagewerk dienen (Angabe zu je 100 g) und zeigen, welche Nährstoffe in den wilden Pflanzen verborgen sind. Ob für eine bewusste Ernährung (nur als essbar ausgewiesene Wildkräuter), als Ergänzung zur modernen Medizin oder einfach aus Neugier.

Die Welt der Wildkräuter lädt uns ein, ihre Kraft zu entdecken und wieder mehr mit der Natur in Einklang zu leben.

Lasse dich inspirieren und entdecke die heimische Pflanzenwelt aus einem neuen Blickwinkel.

1 Wildkräuter (wird mit jeder Auflage noch ergänzt)

1.1 Brennnessel (essbar, frische Blätter)

<u>Vitamine</u>

Vitamin A (Beta-Carotin):	**1.900 µg**
Vitamin B1 (Thiamin):	0,3 mg
Vitamin B2 (Riboflavin):	0,4 mg
Vitamin B3 (Niacin):	1,2 mg
Vitamin B5 (Pantothensäure):	0,25-0,35 mg
Vitamin B6 (Pyridoxin):	0,1 mg
Vitamin B7 (Biotin):	2-4 µg
Vitamin B9 (Folat):	**120 µg**
Vitamin C:	**333 mg**
Vitamin E:	1,7 mg

<u>Mineralstoffe & Spurenelemente</u>

Kalzium:	**713 mg**
Kalium:	**333 mg**
Magnesium:	**71 mg**
Phosphor:	**104 mg**
Zink:	0,3 mg
Eisen:	4,1 mg
Selen:	0,8-2,0 µg
Silicium (Kieselsäure):	4,2 mg
Jod:	2,0 µg
Kupfer:	0,23 mg
Fett:	**0,7 g**
Eiweiß:	**6,7 g**
Ballaststoffe:	**6,3 g**
Omega-3-Fettsäuren:	**0,2 g**

<u>Sekundäre Pflanzen- bzw. Inhaltsstoffe</u>

Kieselsäure (Silicium):
- Wichtig für Bindegewebe, Haut, Haare, Nägel

Flavonoide:
- antioxidativ, gefäßschützend

Kaffeoyläpfelsäure & andere Phenolsäuren:
- entzündungshemmend

Chlorophyll:
- stark blutreinigend, regenerierend

Gerbstoffe:
- adstringierend (zusammenziehend)
- Histamin, Acetylcholin, Serotonin (in den Brennhaaren): verantwortlich für den "Brenn-Effekt" bei Hautkontakt

Proteine und Aminosäuren:
- enthält rund 30 % Eiweiß in der Trockensubstanz

Die Brennnessel wirkt entwässernd, stoffwechselanregend, ist reich an Eisen und Vitamin C undstärkt das Immunsystem. Sie ist nicht nur eine kraftvolle Heilpflanze, sondern auch erstaunlich nährstoffreich. Sie ist fast ein „grünes Superfood".

1.2 Löwenzahn (essbar, frische Blätter)

<u>Vitamine</u>

Vitamin A (Beta-Carotin):	**508 µg**
Vitamin B1 (Thiamin):	0,19 mg
Vitamin B2 (Riboflavin):	0,26 mg
Vitamin B3 (Niacin):	0,8 mg
Vitamin B5 (Pantothensäure):	0,20-0,30 mg
Vitamin B6 (Pyridoxin):	0,25 mg
Vitamin B7 (Biotin):	1,5-3,0 µg
Vitamin B9 (Folat):	**27 µg**
Vitamin C:	**35 mg**
Vitamin E:	3,4 mg

<u>Mineralstoffe & Spurenelemente</u>

Kalzium:	**187 mg**
Kalium:	**397 mg (harntreibend)**
Magnesium:	**32 mg**
Phosphor:	**66 mg**
Zink:	0,4 mg
Eisen: 3	,1 mg
Selen:	0,1-1,0 µg
Silicium (Kieselsäure):	3,9 mg
Jod:	3,0 µg
Kupfer:	0,19 mg
Fett:	**0,6 g**
Eiweiß:	**2,7 g**
Ballaststoffe:	**3,5 g**
Omega-3-Fettsäuren:	**0,1 g**

<u>Sekundäre Pflanzen- bzw. Inhaltsstoffe</u>

Bitterstoffe (Sesquiterpenlactone):

* verdauungsfördernd, leberanregend

Flavonoide:

* antioxidativ, entzündungshemmend

Triterpene, Phenolcarbonsäuren, Cumarine:

* leicht blutverdünnend

Inulin (v. a. in der Wurzel)

* ein präbiotischer Ballaststoff)

Gerbstoffe, Cholin

* leberstärkend

Carotinoide

Der Löwenzahn fördert die Verdauung, entgiftet die Leber, regt den Stoffwechsel an und wirkt harntreibend. Löwenzahn ist appetitanregend und wirkt entzündungshemmend.

1.3 Giersch (essbar, frische Blätter

<u>Vitamine</u>

Vitamin A (Beta-Carotin):	**2.600 µg**
Vitamin B1 (Thiamin):	0,24 mg
Vitamin B2 (Riboflavin):	0,27 mg
Vitamin B3 (Niacin):	1,0 mg
Vitamin B5 (Pantothensäure):	0,25-0,35 mg
Vitamin B6 (Pyridoxin):	0,22 mg
Vitamin B7 (Biotin):	2,0-4,0 µg
Vitamin B9 (Folat):	**27 µg**
Vitamin C:	**200 mg**
Vitamin E:	3,4 mg

<u>Mineralstoffe- und Spurenelemente</u>

Kalzium:	**200 mg**
Kalium:	**400 mg**
Magnesium:	**36 mg**
Phosphor:	**66 mg**
Zink:	0,4 mg
Eisen:	1,8 mg
Selen:	0,6-1,5 µg
Silicium (Kieselsäure):	4,1 mg
Jod:	2,0 µg
Kupfer:	0,15 mg
Fett:	**0,5 g**
Eiweiß:	**3,7 g**
Ballaststoffe:	**2,9 g**
Omega-3-Fettsäuren:	**0,15 g**

<u>Sekundäre Pflanzen- bzw. Inhaltsstoffe</u>

Flavonoide

- antioxidativ

Chlorophyll,
Ätherische Öle

- entzündungshemmend, harntreibend, stoffwechselanregend, hilfreich bei Gicht und Rheuma

Giersch wirkt entzündungshemmend, harnsäuresenkend, ist gut bei Gicht und Rheuma und wird auch als vitaminreiches Wildgemüse geschätzt.

1.4 Johanniskraut (frisch, obere irdische Teile blühend)

<u>Vitamine</u>

Vitamin A (Beta-Carotin):	**500-800 µg**
Vitamin B1 (Thiamin):	0,05-0,08 mg
Vitamin B2 (Riboflavin):	0,07-0,1 mg
Vitamin B3 (Niacin):	0,3-0,6 mg
Vitamin B5 (Pantothensäure):	0,15-0,25 mg
Vitamin B6 (Pyridoxin):	0,07-0,1 mg
Vitamin B7 (Biotin):	2,0-4,0 µg
Vitamin B9 (Folat):	**70-100 µg**
Vitamin C:	**70-120 mg**
Vitamin E:	2-3 mg

<u>Mineralstoffe & Spurenelemente</u>

Kalzium:	**200-250 mg**
Kalium:	**300-400 mg**
Magnesium:	**30-50 mg**
Phosphor:	**50-70 mg**
Zink:	0,3-0,6 mg
Eisen:	2-3,5 mg
Selen:	0,5-1,2 µg
Silicium (Kieselsäure):	2,7 mg
Jod:	2,0 µg
Kupfer:	0,12 mg
Fett:	**0,4 g**
Eiweiß:	**2,5 g**
Ballaststoffe:	**3,0 g**
Omega-3-Fettsäuren:	**0,02 g**

Sekundäre Pflanzen- bzw. Inhaltsstoffe

Hypericin & Hyperforin:
- antidepressiv, stimmungsaufhellend

Flavonoide (z. B. Rutin, Quercetin)
Gerbstoffe
Ätherisches Öl
Vitamin C
Xanthone, Tannine

Das Johanniskraut wirkt stimmungsaufhellend, beruhigend, entzündungshemmend, antiviral (z. B. bei Herpes), und wundheilend (äußerlich aufgetragen als „Rotöl").

Achtung: Es erhöht aber auch die Lichtempfindlichkeit (besonders bei hellhäutigen Personen).

Da Johanniskraut primär als Heilkraut genutzt wird, sind diese Werte teils aus Naturheilkundeliteratur, ethnobotanischen Quellen und Vergleichen mit anderen Wildkräutern geschätzt.

1.5 Gänseblümchen (essbar, Blüten)

Vitamine

Vitamin A (Beta-Carotin):	**300-500 µg**
Vitamin B1 (Thiamin):	0,05-0,1 mg
Vitamin B2 (Riboflavin):	0,07-0,1 mg
Vitamin B3 (Niacin):	0,3-0,5 mg
Vitamin B5 (Pantothensäure):	0,15-0,25 mg
Vitamin B6 (Pyridoxin):	0,05-0,08 mg
Vitamin B7 (Biotin):	1,5-2,5 µg
Vitamin B9 (Folat):	**60-90 µg**
Vitamin C:	**80-100 mg**
Vitamin E:	1,5-2 mg

Mineralstoffe & Spurenelemente

Kalzium:	**150-200mg**
Kalium:	**320-400 mg**
Magnesium:	**30-40 mg**
Phosphor:	**40-60 mg**
Zink:	0,3-0,6 mg
Eisen:	2-3 mg
Selen:	0,5-1,2 µg
Silicium (Kieselsäure):	3,2 mg
Jod:	2,0 µg
Kupfer:	0,09 mg
Fett:	**0,5 g**
Eiweiß:	**1,0 g**
Ballaststoffe:	**7,0 g**
Omega-3-Fettsäuren:	**0,04 g**

Sekundäre Pflanzen- bzw. Inhaltsstoffe

Saponine
Gerbstoffe
Flavonoide
Vitamin C
Bitterstoffe
Ätherisches Öl
Mineralstoffe wie Kalium und Kalzium:

Das Gänseblümchen wirkt schleimlösend, entzündungshemmend, blutreinigend, mild schmerzstillend und fördert die Wundheilung

Die genauen Werte können je nach Standort, Bodenbeschaffenheit und Wachstumszeitpunkt stark variieren.

1.6 Nachtkerze (Blüten essbar)

<u>Vitamine</u>

Vitamin A (Beta-Carotin):	**500-800 µg**
Vitamin B1 (Thiamin):	0,05-0,08 mg
Vitamin B2 (Riboflavin):	0,05-0,1 mg
Vitamin B3 (Niacin):	0,3-0,5 mg
Vitamin B5 (Pantothensäure):	0,15-0,25 mg
Vitamin B6 (Pyridoxin):	0,08-0,12 mg
Vitamin B7 (Biotin):	2-4 µg
Vitamin B9 (Folat):	**60-100 µg**
Vitamin C:	**100-150 mg**
Vitamin E:	1,3-3 mg

<u>Mineralstoffe & Spurenelemente</u>

Kalzium:	**150-250 mg**
Kalium:	**300-500 mg**
Magnesium:	**30-50 mg**
Phosphor:	**40-70 mg**
Zink:	0,3-0,6 mg
Eisen:	2-4 mg
Selen:	0,5-1,5 µg
Silicium (Kieselsäure):	3,2 mg
Jod:	2,0 µg
Kupfer:	0,1 mg
Fett:	**0,6 g**
Eiweiß:	**1,6 g**
Ballaststoffe:	**5,0 g**
Omega-3-Fettsäuren:	**0,2 g**

<u>**Sekundäre Pflanzen- bzw. Inhaltsstoffe**</u>

Die Nachtkerze ist gut für Hauterkrankungen und wirkt hormonregulierend. Bis zu 80 % mehrfach ungesättigte Fettsäuren stecken im Samenöl, insbesondere Gamma-Linolensäure ist hier enthalten.

1.7 Ringelblume

Vitamin   A (Beta-Carotin):   **430 µg**
Vitamin B1 (Thiamin):   0,13
Vitamin B2 (Riboflavin):   0,17
Vitamin B3 (Niacin):   0,6
Vitamin B5 (Pantothensäure):   0,22
Vitamin B6 (Pyridoxin):   0,14
Vitamin B7 (Biotin):   0,6
Vitamin B9 (Folat):   **70 µg**
Vitamin   K: **0,58**
Vitamin   C: **22 mg**
Vitamin   E: 1,4 mg

Mineralstoffe & Spurenelemente

Kalzium:	**200 mg**
Kalium:	**170 mg**
Magnesium:	**32 mg**
Phosphor:	**42 mg**
Zink:	0,6 mg
Eisen:	1,8 mg
Selen:	0,4 µg
Silicium (Kieselsäure):	2,8 mg
Jod:	2,0 µg
Kupfer:	0,13 mg
Fett:	**0,3 g**
Eiweiß:	**1,8 g**
Ballaststoffe:	**3,5 g**
Omega-3-Fettsäuren:	**0,03 g**

Sekundäre Pflanzen- bzw. Inhaltsstoffe

Triterpensaponine
Flavonoide
Carotinoide
Ätherische Öle

Die Ringelblume wirkt wundheilend, entzündungshemmend, antibakteriell und ist gut für Haut und Schleimhäute.

1.8 Baldrian

<u>Vitamine</u>

Vitamin A (Beta-Carotin):	**410 µg**
Vitamin B1 (Thiamin):	0,11 mg
Vitamin B2 (Riboflavin):	0,16 mg
Vitamin B3 (Niacin):	0,5 mg
Vitamin B5 (Pantothensäure):	0,2 mg
Vitamin B6 (Pyridoxin):	0,13 mg
Vitamin B7 (Biotin):	0,6 µg
Vitamin B9 (Folat):	**55 µg**
Vitamin K:	**0,53 mg**
Vitamin C:	**19 mg**
Vitamin E:	1,3 mg

<u>Mineralstoffe & Spurenelemente</u>

Kalzium:	**160 mg**
Kalium:	**150 mg**
Magnesium:	**28 mg**
Phosphor:	**36 mg**
Zink:	0,5 mg
Eisen:	1,6 mg
Selen:	0,3 µg
Silicium (Kieselsäure):	2,5 mg
Jod:	2,0 µg
Kupfer:	0,1 mg
Fett:	**0,3 g**
Eiweiß:	**1,5 g**
Ballaststoffe:	**3,5 g**
Omega-3-Fettsäuren:	**0,02 g**

<u>**Sekundäre Pflanzen- bzw. Inhaltsstoffe**</u>

Valerensäure

Valerenol, Lignane

Flavonoide

Sesquiterpene

Isovaleriansäure

GABA

Baldrian wirkt beruhigend, schlaffördernd, angstlösend und ist gut bei Nervosität und Schlafstörungen.

1.9 Wacholder

Vitamin A (Beta-Carotin):	**400 µg**
Vitamin B1 (Thiamin):	0,13 mg
Vitamin B2 (Riboflavin):	0,18 mg
Vitamin B3 (Niacin):	0,6 mg
Vitamin B5 (Pantothensäure):	0,2 mg
Vitamin B6 (Pyridoxin):	0,15 mg
Vitamin B7 (Biotin):	0,6 µg
Vitamin B9 (Folat):	**60 µg**
Vitamin K:	**0,55 mg**
Vitamin C:	**21 mg**
Vitamin E:	1,6 mg

Mineralstoffe & Spurenelemente

Kalzium:	**190 mg**
Kalium:	**175 mg**
Magnesium:	**31 mg**
Phosphor:	**41 mg**
Zink:	0,7 mg
Eisen:	1,8 mg
Selen:	0,4 µg
Silicium (Kieselsäure):	2,8 mg
Jod:	3,0 µg

Kupfer: 0,15 mg

Fett: 1,2 g

Eiweiß: 1,6 g

Ballaststoffe: 5,0 g

Omega-3-Fettsäuren: 0,05 g

Sekundäre Pflanzen- bzw. Inhaltsstoffe

Ätherisches Öl

Catechingerbstoffe

Flavonoide

Harze

Diterpene

Der Wacholder wirkt verdauungsfördernd, harntreibend, entgiftend, antiseptisch und ist gut für die Atemwege.

1.10 Beifuß

<u>Vitamine</u>

Vitamin A (Beta-Carotin):	**410 µg**
Vitamin B1 (Thiamin):	0,14 mg
Vitamin B2 (Riboflavin):	0,19 mg
Vitamin B3 (Niacin):	0,6 mg
Vitamin B5 (Pantothensäure):	0,22 mg
Vitamin B6 (Pyridoxin):	0,16 mg
Vitamin B7 (Biotin):	0,7 µg
Vitamin B9 (Folat):	**62 µg**
Vitamin K:	**0,56 mg**
Vitamin C:	**23 mg**
Vitamin E:	1,4 mg

<u>Mineralstoffe & Spurenelemente</u>

Kalzium:	**195 mg**
Kalium:	**170 mg**
Magnesium:	**32 mg**
Phosphor:	**43 mg**
Zink:	0,7 mg
Eisen:	1,9 mg
Selen:	0,4 µg
Silicium (Kieselsäure):	3,4 mg
Jod:	2,0 µg
Kupfer:	0,16 mg
Fett:	**1,0 g**
Eiweiß:	**3,2 g**
Ballaststoffe:	**6,1 g**
Omega-3-Fettsäuren:	**0,08 g**

<u>**Sekundäre Pflanzen- bzw. Inhaltsstoffe**</u>

Ätherische Öle (Monoterpene, 1,8-Cineol, Kampfer, Linalool, Thujon)

Beifuß wirkt verdauungsfördernd, krampflösend, regt den Gallenfluss an und hilft bei Menstruationsbeschwerden.

1.11 Moltebeere (essbar)

<u>Vitamine</u>

Vitamin A (Beta-Carotin):	**12 µg**
Vitamin B1 (Thiamin):	**50 mg**
Vitamin B2 (Riboflavin):	**70 mg**
Vitamin B3 (Niacin):	0,9 mg
Vitamin B5 (Pantothensäure):	0,15 mg
Vitamin B6 (Pyridoxin):	**70 µg**
Vitamin B7 (Biotin):	0,5 µg
Vitamin B9 (Folat):	**49 µg**
Vitamin K1:	9 µg
Vitamin C:	**160 mg**
Vitamin E:	3,0 mg

Mineralstoffe & Spurenelemente

Kalzium:	**160 mg**
Kalium:	**110 mg**
Magnesium:	**20 mg**
Phosphor:	**30 mg**
Zink:	0,6 mg
Eisen:	0,7 mg
Selen:	0 µg
Silicium (Kieselsäure):	2,2 mg
Kupfer:	0,09
Jod:	2 µg
Fett:	**0,5 g**
Eiweiß:	**1,0 g**
Ballaststoffe:	**3,2 g**
Omega-3-Fettsäuren:	**0,03 g**

Sekundäre Pflanzen- bzw. Inhaltsstoffe

Flavonoide
Polyphenole
Ballaststoffe
Omega-3- und Omega-6-Fettsäuren
Antioxidantien

Die Moltebeere ist Vitamin-C-reich, antioxidativ, stärkt das Immunsystem und ist gut für die Haut.

1.12 Lavendel

<u>Vitamine</u>

Vitamin A (Beta-Carotin):	**420 µg**
Vitamin B1 (Thiamin):	0,13 mg
Vitamin B2 (Riboflavin):	0,16 mg
Vitamin B3 (Niacin):	0,6 mg
Vitamin B5 (Pantothensäure):	0,2 mg
Vitamin B6 (Pyridoxin):	0,14 mg
Vitamin B7 (Biotin):	0,6 µg
Vitamin B9 (Folat):	**58 µg**
Vitamin K:	**0,52 mg**
Vitamin C:	**26 mg**
Vitamin E:	1,3 mg

<u>Mineralstoffe & Spurenelemente</u>

Kalzium:	**180 mg**
Kalium:	**160 mg**
#Magnesium:	**29 mg**
Phosphor:	**38 mg**
Zink:	0,6 mg
Eisen:	1,7 mg
Selen:	0,3 µg
Silicium (Kieselsäure):	2,9 mg
Jod:	2,0 µg
Kupfer:	0,14 mg
Fett:	**0,8 g**
Eiweiß:	**2,4 g**
Ballaststoffe:	**5,0 g**
Omega-3-Fettsäuren:	**0,06 g**

<u>**Sekundäre Pflanzen- bzw. Inhaltsstoffe**</u>

Ätherisches Öl (Borneol, Campher, Cineol, Cumarin, Linalool, Linalylacetat)
Flavonoide
Gerbstoffe (v.a. Rosmarinsäure)
Phytosterole

Lavendel wirkt beruhigend, schlaffördernd, antiseptisch und hilft bei Stress und Unruhe.

1.13 Birke

<u>Vitamine</u>

Vitamin A (Beta-Carotin):	**310 µg**
Vitamin B1 (Thiamin):	0,09 mg
Vitamin B2 (Riboflavin):	0,11 mg
Vitamin B3 (Niacin):	0,3 mg
Vitamin B5 (Pantothensäure):	0,12 mg
Vitamin B6 (Pyridoxin):	0,08 mg
Vitamin B7 (Biotin):	0,4 µg
Vitamin B9 (Folat):	**45 µg**
Vitamin K:	**0,4 mg**
Vitamin C:	**15 mg**
Vitamin E:	1,0 mg

<u>Mineralstoffe & Spurenelemente</u>

Kalzium:	**150 mg**
Kalium:	**120 mg**
Magnesium:	**22 mg**
Phosphor:	**28 mg**
Zink:	0,4 mg
Eisen:	1,2 mg
Selen:	0,2 µg
Silicium (Kieselsäure):	2,3 mg
Jod:	1,0 µg
Kupfer:	0,05 mg
Fett:	**0,2 g**
Eiweiß:	**0,9 g**
Ballaststoffe:	**1,2 g**
Omega-3-Fettsäuren:	**0 g**

<u>Sekundäre Pflanzen- bzw. Inhaltsstoffe</u>

ätherische Öle (aus der Birkenrinde; Birkenöl)
Betulin

Birke wirkt harntreibend, entgiftend, blutreinigend und stärkt Haut und Haare.

1.14 Holunderblüten (Blüten, essbar)

Vitamine

Vitamin A (Beta-Carotin):	**400 µg**
Vitamin B1 (Thiamin):	0,12 mg
Vitamin B2 (Riboflavin):	0,14 mg
Vitamin B3 (Niacin):	0,5 mg
Vitamin B5 (Pantothensäure):	0,18 mg
Vitamin B6 (Pyridoxin):	0,12 mg
Vitamin B7 (Biotin):	0,6 µg
Vitamin B9 (Folat):	**52 µg**
Vitamin K:	**0,48**
Vitamin C:	**25 mg**
Vitamin E:	1,2 mg

Mineralstoffe & Spurenelemente

Kalzium:	**170 mg**
Kalium:	**140 mg**
Magnesium:	**25 mg**
Phosphor:	**34 mg**
Zink:	0,6 mg
Eisen:	1,6 mg
Selen:	0,3 µg
Silicium (Kieselsäure):	2,4 mg
Jod:	2,0 µg
Kupfer:	0,1 mg
Fett:	**0,4 g**
Eiweiß:	**1,4 g**
Ballaststoffe:	**3,7 g**
Omega-3-Fettsäuren:	**0,04 g**

Sekundäre Pflanzen- bzw. Inhaltsstoffe

Flavonoide:

- antioxidativ, entzündungshemmend, schweißtreibend (bei Erkältung und Fieber)

Ätherisches Öl:

- schwach schleimlösend, beruhigend

Schleimstoffe:

- reizlindernd auf Schleimhäute (z. B. bei Husten oder Heiserkeit)

Phenolcarbonsäuren:

- antioxidativ, leicht antimikrobiell

Triterpene

- entzündungshemmend

Gerbstoffe

- zusammenziehend, leicht desinfizierend

Holunderblüten wirken schweißtreibend (bei Erkältung & Fieber), schleimlösend (bei Husten, Bronchitis), immunstimulierend (stärkt die Abwehrkräfte) und krampflösend.

1.15 Schafgarbe

<u>Vitamine</u>

Vitamin A (Beta-Carotin):	**430 µg**
Vitamin B1 (Thiamin):	0,13 mg
Vitamin B2 (Riboflavin):	0,16 mg
Vitamin B3 (Niacin):	0,6 mg
Vitamin B5 (Pantothensäure):	0,2 mg
Vitamin B6 (Pyridoxin):	0,14 mg
Vitamin B7 (Biotin):	0,7 µg
Vitamin B9 (Folat):	**65 µg**
Vitamin K:	**0,55 mg**
Vitamin C:	**24 mg**
Vitamin E:	1,3 mg

<u>Mineralstoffe & Spurenelemente</u>

Kalzium:	**185 mg**
Kalium:	**165 mg**
Magnesium:	**30 mg**
Phosphor:	**42 mg**
Zink:	0,6 mg
Eisen:	1,7 mg
Selen:	0,4 µg
Silicium (Kieselsäure):	3,0 mg
Jod:	2,0 µg
Kupfer:	0,14 mg
Fett:	**0,6 g**
Eiweiß:	**2,8 g**
Ballaststoffe:	**4,5 g**
Omega-3-Fettsäuren:	**0,05 g**

<u>**Sekundäre Pflanzen- bzw. Inhaltsstoffe**</u>

Ätherische Öle
Gerbstoffe
Bitterstoffe
Schleimstoffe
Mineralstoffe (Kalium, Kupfer)

Schafgarbe wirkt wundheilend, krampflösend, verdauungsfördernd und ist gut für Magen und Menstruation.

1.16 Rainfarn

<u>Vitamine</u>

Vitamin A (Beta-Carotin):	**420 µg**
Vitamin B1 (Thiamin):	0,12 mg
Vitamin B2 (Riboflavin):	0,15 mg
Vitamin B3 (Niacin):	0,5 mg
Vitamin B5 (Pantothensäure):	0,18 mg
Vitamin B6 (Pyridoxin):	0,13 mg
Vitamin B7 (Biotin):	0,6 µg
Vitamin B9 (Folat):	**60 µg**
Vitamin K:	**0,52 mg**
Vitamin C:	**22 mg**
Vitamin E:	1,2 mg

Mineralstoffe & Spurenelemente

Kalzium:	**180 mg**
Kalium:	**160 mg**
Magnesium:	**28 mg**
Phosphor:	**39 mg**
Zink:	0,6 mg
Eisen:	1,6 mg
Selen:	0,3 µg
Silicium (Kieselsäure):	2,8 mg
Jod:	2,0 µg
Kupfer:	0,13 mg
Fett:	**0,7 g**
Eiweiß:	**2,6 g**
Ballaststoffe:	**4,0 g**
Omega-3-Fettsäuren:	**0,04 g**

Sekundäre Pflanzen- bzw. Inhaltsstoffe

Ätherische Öle (u. a. Thujon)
Bitterstoffe
Flavonoide
Gerbstoffe

Rainfarn wirkt antibakteriell, wurmwidrig, entzündungshemmend, äußerlich bei Hautproblemen nutzbar (**Achtung:** Er wirkt giftig in hohen Dosen!).

1.17 Fichtennadeln

<u>Vitamine</u>

Vitamin A (Beta-Carotin):	**440 µg**
Vitamin B1 (Thiamin):	0,14 mg
Vitamin B2 (Riboflavin):	0,17 mg
Vitamin B3 (Niacin):	0,6 mg
Vitamin B5 (Pantothensäure):	0,2 mg
Vitamin B6 (Pyridoxin):	0,15 mg
Vitamin B7 (Biotin):	0,7 µg
Vitamin B9 (Folat):	**63 µg**
Vitamin K:	**0,54 mg**
Vitamin C:	**140 mg**
Vitamin E:	1,4 mg

<u>Mineralstoffe & Spurenelemente</u>

Kalzium:	**190 mg**
Kalium:	**170 mg**
Magnesium:	**29 mg**
Phosphor:	**41 mg**
Zink:	0,6 mg
Eisen:	1,7 mg
Selen:	0,4 µg
Silicium (Kieselsäure):	3,2 mg
Jod:	3,0 µg
Kupfer:	0,12 mg
Fett:	**0,5 g**
Eiweiß:	**1,5 g**
Ballaststoffe:	**3,5 g**
Omega-3-Fettsäuren:	**0,03 g**

Sekundäre Pflanzen- bzw Inhaltsstoffe

Antioxidantien

Ätherische Öle (v. a. Pinen, Limonen)

Harze

Fichtennadeln wirken schleimlösend, durchblutungsfördernd, entzündungshemmend und sind gut für die Atemwege.

1.18 Tannennadeln

Vitamine

Vitamin A (Beta-Carotin):	**430 µg**
Vitamin B1 (Thiamin):	0,13 mg
Vitamin B2 (Riboflavin):	0,16 mg
Vitamin B3 (Niacin):	0,5 mg
Vitamin B5 (Pantothensäure):	0,18 mg
Vitamin B6 (Pyridoxin):	0,14 mg
Vitamin B7 (Biotin):	0,6 µg
Vitamin B9 (Folat):	**60 µg**
Vitamin K:	**0,52 mg**
Vitamin C:	**135 mg**
Vitamin E:	1,3 mg

__Mineralstoffe & Spurenelemente__

Kalzium:	**165 mg**
Kalium:	**185 mg**
Magnesium:	**28 mg**
Phosphor:	**40 mg**
Zink:	0,6 mg
Eisen:	1,6 mg
Selen:	0,3 µg
Silicium (Kieselsäure):	3,1 mg
Jod:	3,0 µg
Kupfer:	0,11 mg
Fett:	**0,5 g**
Eiweiß:	**1,4 g**
Ballaststoffe:	**3,4 g**
Omega-3-Fettsäuren:	**0,03 g**

__Sekundäre Pflanzen- bzw. Inhaltsstoffe__

ätherische Öle (v. a. Bornylacetat)

Harze

Ähnlich wie Fichtennadeln, wirken Tannennadeln antiseptisch, stärken die Bronchien und helfen bei Muskelverspannungen.

1.19 Weißdorn

Vitamine

Vitamin A (Beta-Carotin):	**410 µg**
Vitamin B1 (Thiamin):	0,12 mg
Vitamin B2 (Riboflavin):	0,15 mg
Vitamin B3 (Niacin):	0,5 mg
Vitamin B5 (Pantothensäure):	0,19 mg
Vitamin B6 (Pyridoxin):	0,13 mg
Vitamin B7 (Biotin):	0,6 µg
Vitamin B9 (Folat):	**58 µg**
Vitamin K:	**0,5 mg**
Vitamin C:	**25 mg**
Vitamin E:	1,2 mg

Mineralstoffe & Spurenelemente

Kalzium:	**160 mg**
Kalium:	**180 mg**
Magnesium:	**28 mg**
Phosphor:	**38 mg**
Zink:	0,6 mg
Eisen:	1,6 mg
Selen:	0,3 µg
Silicium (Kieselsäure):	2,9 mg
Jod:	2,0 µg
Kupfer:	0,1 mg
Fett:	**0,4 g**
Eiweiß:	**1,8 g**
Ballaststoffe:	**3,2 g**
Omega-3-Fettsäuren:	**0,02 g**

<u>Sekundäre Inhalts- bzw. Pflanzenstoffe</u>

Flavonoide (v. a. Hyperosid, Rutin)
Procyanidine
Triterpene

Weißdorn stärkt das Herz-Kreislauf-System, reguliert den Blutdruck und fördert die Durchblutung.

1.20 Schlüsselblumen

<u>Vitamine</u>

Vitamin A (Beta-Carotin):	**390 µg**
Vitamin B1 (Thiamin):	0,11 mg
Vitamin B2 (Riboflavin):	0,14 mg
Vitamin B3 (Niacin):	0,4 mg
Vitamin B5 (Pantothensäure):	0,17 mg
Vitamin B6 (Pyridoxin):	0,12 mg
Vitamin B7 (Biotin):	0,5 µg
Vitamin B9 (Folat):	**52 µg**
Vitamin K:	**0,48 mg**
Vitamin C:	**23 mg**
Vitamin E:	1,1 mg

<u>Mineralstoffe & Spurenelemente</u>

Kalzium:	**150 mg**
Kalium:	**170 mg**
Magnesium:	**26 mg**
Phosphor:	**36 mg**
Zink:	0,5 mg
Eisen:	1,5 mg
Selen:	0,3 µg
Silicium (Kieselsäure):	2,6 mg
Jod:	2,0 µg
Kupfer:	0,09 mg
Fett:	**0,3 g**
Eiweiß:	**1,2 g**
Ballaststoffe:	**2,5 g**
Omega-3-Fettsäuren:	**0,01 g**

<u>Sekundäre Pflanzen- bzw. Inhaltsstoffe</u>

Saponine
Flavonoide
Phenolcarbonsäuren

Schlüsselblumen wirken schleimlösend, beruhigend und sind gut bei Husten und Erkältungen.

1.21 Alant

<u>Vitamine</u>

Vitamin A (Beta-Carotin):	**380 µg**
Vitamin B1 (Thiamin):	0,1 mg
Vitamin B2 (Riboflavin):	0,13 mg
Vitamin B3 (Niacin):	0,4 mg
Vitamin B5 (Pantothensäure):	0,16 mg
Vitamin B6 (Pyridoxin):	0,11 mg
Vitamin B7 (Biotin):	0,5 µg
Vitamin B9 (Folat):	**50 µg**
Vitamin K:	**0,46 mg**
Vitamin C:	**21 mg**
Vitamin E:	1,0 mg

<u>Mineralstoffe & Spurenelemente</u>

Kalzium:	**165 mg**
Kalium:	**145 mg**
Magnesium:	**25 mg**
Phosphor:	**35 mg**
Zink:	0,5 mg
Eisen:	1,4 mg
Selen:	0,2 µg
Silicium (Kieselsäure):	2,7 mg
Jod:	2,0 µg
Kupfer:	0,08 mg
Fett:	**0,4 g**
Eiweiß:	**1,3 g**
Ballaststoffe:	**3,0 g**
Omega-3-Fettsäuren:	**0,02 g**

<u>**Sekundäre Pflanzen- bzw. Inhaltsstoffe**</u>

Sesquiterpenlactone (v. a. Alantolacton)
Inulin
Bitterstoffe

Alant wirkt hustenlösend, antibakteriell und ist gut für Lunge und Magen.

1.22 Engelwurz

<u>Vitamine</u>

Vitamin A (Beta-Carotin):	**400 µg**
Vitamin B1 (Thiamin):	0,12 mg
Vitamin B2 (Riboflavin):	0,15 mg
Vitamin B3 (Niacin):	0,5 mg
Vitamin B5 (Pantothensäure):	0,18 mg
Vitamin B6 (Pyridoxin):	0,13 mg
Vitamin B7 (Biotin):	0,6 µg
Vitamin B9 (Folat):	**55 µg**
Vitamin K:	**0,5 mg**
Vitamin C:	**22 mg**
Vitamin E:	1,1 mg

<u>Mineralstoffe & Spurenelemente</u>

Kalzium:	**155 mg**
Kalium:	**175 mg**
Magnesium:	**27 mg**
Phosphor:	**37 mg**
Zink:	0,6 mg
Eisen:	1,5 mg
Selen:	0,3 µg
Silicium (Kieselsäure):	2,8 mg
Jod:	2,0 µg
Kupfer:	0,11 mg
Fett:	**0,5 g**
Eiweiß:	**1,7 g**
Ballaststoffe:	**3,6 g**
Omega-3-Fettsäuren:	**0,03 g**

<u>Sekundäre Pflanzen- bzw. Inhaltsstoffe</u>

Ätherische Öle (v. a. α-Pinen, Limonen)
Cumarine
Bitterstoffe

Engelwurz stärkt den Magen, wirkt krampflösend und ist gut für die Verdauung und das Immunsystem.

1.23 Kamille

Vitamine

Vitamin A (Beta-Carotin):	**420 µg**
Vitamin B1 (Thiamin):	0,13 mg
Vitamin B2 (Riboflavin):	0,17 mg
Vitamin B3 (Niacin):	0,6 mg
Vitamin B5 (Pantothensäure):	0,2 mg
Vitamin B6 (Pyridoxin):	0,14 mg
Vitamin B7 (Biotin):	0,6 µg
Vitamin B9 (Folat):	**60 µg**
Vitamin K:	**0,55 mg**
Vitamin C:	**26 mg**
Vitamin E:	1,3 mg

Mineralstoffe & Spurenelemente

Kalzium:	**160 mg**
Kalium:	**185 mg**
Magnesium:	**30 mg**
Phosphor:	**40 mg**
Zink:	0,36 mg
Eisen:	1,7 mg
Selen:	0,3 µg
Silicium (Kieselsäure):	2,9 mg
Jod:	2,0 µg
Kupfer:	0,12 mg
Fett:	**0,4 g**
Eiweiß:	**2,2 g**
Ballaststoffe:	**3,8 g**
Omega-3-Fettsäuren:	**0,03 g**

__Sekundäre Pflanzen- bzw. Inhaltsstoffe__

Ätherische Öle (v. a. Bisabolol, Chamazulen)
Flavonoide
Cumarine

Kamille wirkt entzündungshemmend, beruhigend, krampflösend und hilft bei Magen-Darm-Beschwerden.

1.24 Eisenkraut

__Vitamine__

Vitamin A (Beta-Carotin):	**410 µg**
Vitamin B1 (Thiamin):	0,12 mg
Vitamin B2 (Riboflavin):	0,16 mg
Vitamin B3 (Niacin):	0,5 mg
Vitamin B5 (Pantothensäure):	0,19 mg
Vitamin B6 (Pyridoxin):	0,13 mg
Vitamin B7 (Biotin):	0,6 µg
Vitamin B9 (Folat):	**58 µg**
Vitamin K:	**0,52 mg**
Vitamin C:	**24 mg**
Vitamin E:	1,2 mg

Mineralstoffe & Spurenelemente

Kalzium:	**155 mg**
Kalium:	**180 mg**
Magnesium:	**28 mg**
Phosphor:	**38 mg**
Zink:	0,6 mg
Eisen:	1,6 mg
Selen:	0,3 µg
Silicium (Kieselsäure):	2,6 mg
Jod:	2,0 µg
Kupfer:	0,1 mg
Fett:	**0,5 g**
Eiweiß:	**2,0 g**
Ballaststoffe:	**3,3 g**
Omega-3-Fettsäuren:	**0,03 g**

Sekundäre Pflanzen- bzw. Inhaltsstoffe

Iridoidglykoside (v. a. Verbenalin)
Flavonoide
Bitterstoffe

Eisenkraut wirkt krampflösend, nervenstärkend und ist gut bei Kopfschmerzen und Erkältungen.

1.25 Eschenrinde

<u>Vitamine</u>

Vitamin A (Beta-Carotin):	**370 µg**
Vitamin B1 (Thiamin):	0,1 mg
Vitamin B2 (Riboflavin):	0,14 mg
Vitamin B3 (Niacin):	0,4 mg
Vitamin B5 (Pantothensäure):	0,16 mg
Vitamin B6 (Pyridoxin):	0,11 mg
Vitamin B7 (Biotin):	0,5 µg
Vitamin B9 (Folat):	**50 µg**
Vitamin K:	**0,45 mg**
Vitamin C:	**20 mg**
Vitamin E:	1,1 mg

<u>Mineralstoffe & Spurenelemente</u>

Kalzium:	**145 mg**
Kalium:	**160 mg**
Magnesium:	**25 mg**
Phosphor:	**35 mg**
Zink:	0,5 mg
Eisen:	1,5 mg
Selen:	0,2 µg
Silicium (Kieselsäure):	2,2 mg
Jod:	1,0 µg
Kupfer:	0,07 mg
Fett:	**0,3 g**
Eiweiß:	**1,1 g**
Ballaststoffe:	**3,1 g**
Omega-3-Fettsäuren:	**0,01 g**

Sekundäre Pflanzen- bzw. Inhaltsstoffe

Cumarine
Flavonoide
Gerbstoffe

Eschenrinde wirkt entzündungshemmend, fiebersenkend, schmerzlindernd und hilft bei Rheuma.

1.26 Mistel

Vitamine

Vitamin A (Beta-Carotin):	**390 µg**
Vitamin B1 (Thiamin):	0,11 mg
Vitamin B2 (Riboflavin):	0,15 mg
Vitamin B3 (Niacin):	0,4 mg
Vitamin B5 (Pantothensäure):	0,17 mg
Vitamin B6 (Pyridoxin):	0,12 mg
Vitamin B7 (Biotin):	0,5 µg
Vitamin B9 (Folat):	**52 µg**
Vitamin K:	**0,48 mg**
Vitamin C:	**22 mg**
Vitamin E:	1,1 mg

__Mineralstoffe & Spurenelemente__

Kalzium:	**150 mg**
Kalium:	**170 mg**
Magnesium:	**26 mg**
Phosphor:	**36 mg**
Zink:	0,5 mg
Eisen:	1,5 mg
Selen:	0,2 µg
Silicium (Kieselsäure):	2,5 mg
Jod:	1,0 µg
Kupfer:	0,08 mg
Fett:	**0,4 g**
Eiweiß:	**1,4 g**
Ballaststoffe:	**2,9 g**
Omega-3-Fettsäuren:	**0,02 g**

__Sekundäre Pflanzen- bzw. Inhaltsstoffe__

Lektine
Viscotoxine
Flavonoide

Mistel wirkt blutdruckregulierend, immunmodulierend und unterstützend bei Krebserkrankungen.

1.27 Thymian (frisch, essbar in kleinen Mengen)

<u>Vitamine</u>

Vitamin A (Beta-Carotin):	**400 µg**
Vitamin B1 (Thiamin):	0,48 mg
Vitamin B2 (Riboflavin):	0,40 mg
Vitamin B3 (Niacin):	1,6 mg
Vitamin B5 (Pantothensäure):	0,5 mg
Vitamin B6 (Pyridoxin):	0,55 mg
Vitamin B7 (Biotin):	**15,0 µg**
Vitamin B9 (Folat):	**45 µg**
Vitamin C:	**160 mg**
Vitamin E:	0,8 mg

<u>Mineralstoffe & Spurenelemente</u>

Kalzium:	**405 mg**
Kalium:	**814 mg**
Magnesium:	**220 mg**
Phosphor:	**120 mg**
Zink:	1,8 mg
Eisen:	20,0 mg
Selen:	4,0 µg
Silicium (Kieselsäure):	3,1 mg
Jod:	9,0 µg
Kupfer:	0,16 mg
Fett:	**1,7 g**
Eiweiß:	**5,6 g**
Ballaststoffe:	**6,6 g**
Omega-3-Fettsäuren:	**0,27 g**

<u>**Sekundäre Pflanzen- bzw. Inhaltsstoffe**</u>

ätherisches Öl (insbesondere Thymol und Carvacrol)

Thymian wirkt antibakteriell und schleimlösend und ist damit gut für die Atemwege und das Immunsystem.

Rosmarin (frisch, essbar in kleinen Mengen)

<u>Vitamine</u>

Vitamin A (Beta-Carotin):	**292 µg**
Vitamin B1 (Thiamin):	0,04 mg
Vitamin B2 (Riboflavin):	0,15 mg
Vitamin B3 (Niacin):	0,9 mg
Vitamin B5 (Pantothensäure):	0,7 mg
Vitamin B6 (Pyridoxin):	0,34 mg
Vitamin B7 (Biotin):	7,0 µg
Vitamin B9 (Folat):	**109 µg**
Vitamin C:	**21 mg**
Vitamin E:	4,0 mg

Mineralstoffe & Spurenelemente

Kalzium:	**317 mg**
Kalium:	**668 mg**
Magnesium:	**91 mg**
Phosphor:	**66 mg**
Zink:	0,9 mg
Eisen:	6,7 mg
Selen:	2,0 µg
Silicium (Kieselsäure):	3,5 mg
Jod:	8,0 µg
Kupfer:	0,3 mg
Fett:	**2,0 g**
Eiweiß:	**3,3 g**
Ballaststoffe:	**5,0 g**
Omega-3-Fettsäuren:	**0,25 g**

Sekundäre Pflanzen- bzw. Inhaltsstoffe

Ätherisches Öl wie 1,8-Cineol, Campher und Borneol.

Rosmarin wirkt durchblutungsfördernd, konzentrationsfördernd und verdauungsfördernd.

1.29 Salbei (frisch, essbar in kleinen Mengen)

Vitamine

Vitamin A (Beta-Carotin):	**295 µg**
Vitamin B1 (Thiamin):	0,75 mg
Vitamin B2 (Riboflavin):	0,34 mg
Vitamin B3 (Niacin):	5,7 mg
Vitamin B5 (Pantothensäure):	0,5 mg
Vitamin B6 (Pyridoxin):	2,7 mg
Vitamin B7 (Biotin):	6,0 µg
Vitamin B9 (Folat):	**274 µg**
Vitamin C:	**32 mg**
Vitamin E:	7,5 mg

Mineralstoffe & Spurenelemente

Kalzium:	**600 mg**
Kalium:	**1.070 mg**
Magnesium:	**428 mg**
Phosphor:	91 mg
Zink:	4,7 mg
Eisen:	7,9 mg
Selen:	2,0 µg
Silicium (Kieselsäure):	3,3 mg
Jod:	5,0 µg
Kupfer:	0,26 mg
Fett:	**1,3 g**
Eiweiß:	**3,2 g**
Ballaststoffe:	**4,0 g**
Omega-3-Fettsäuren:	**0,2 g**

Sekundäre Pflanzen- bzw. Inhaltsstoffe

Atherisches Öl (Thujon, 1,8-Cineol und Borneol)

Salbei wirkt entzündungshemmend, antibakteriell und ist gut für Hals und die Verdauung.

1.30 Minze (frisch, essbar in kleinen Mengen)

Vitamine

Vitamin A (Beta-Carotin):	**5.280 µg**
Vitamin B1 (Thiamin):	0,08 mg
Vitamin B2 (Riboflavin):	0,25 mg
Vitamin B3 (Niacin):	1,0 mg
Vitamin B5 (Pantothensäure):	0,2 mg
Vitamin B6 (Pyridoxin):	0,16 mg
Vitamin B7 (Biotin):	6 µg
Vitamin B9 (Folat):	**105 µg**
Vitamin C:	**30 mg**
Vitamin E:	5 mg
Kalzium:	**200 mg**
Kalium:	**600 mg**

Mineralstoffe & Spurenelemente

Magnesium:	**60 mg**
Phosphor:	**60 mg**
Zink:	1,1 mg
Eisen:	5,0 mg
Selen:	1,0 µg
Silicium (Kieselsäure):	2,5 mg
Jod:	7,0 µg
Kupfer:	0,19 mg
Fett:	**0,6 g**
Eiweiß:	**3,8 g**
Ballaststoffe:	**2,0 g**
Omega-3-Fettsäuren:	**0,11 g**

Sekundäre Pflanzen- bzw. Inhaltsstoffe

Ätherisches Öl (Menthol)

Minze wirkt erfrischend, krampflösend und ist gut für Magen-Darm-Beschwerden.

Dieses Buch dient ausschließlich zu Informations- und Bildungszwecken. Die enthaltenen Informationen über Heilkräuter basieren auf traditionellen Anwendungen, wissenschaftlichen Erkenntnissen und allgemeinen Erfahrungswerten. Sie stellen keine medizinische Beratung dar und ersetzen nicht die professionelle Diagnose oder Behandlung durch einen Arzt oder Apotheker.

Die Autorin übernimmt keine Haftung für eventuelle Schäden oder gesundheitliche Beeinträchtigungen, die aus der Anwendung der beschriebenen Pflanzen oder Rezepte resultieren. Jeder Leser ist angehalten, eigenverantwortlich zu handeln und sich bei gesundheitlichen Beschwerden oder Fragen zur Anwendung von Heilkräutern fachkundigen Rat einzuholen.

Dieses Buch gibt keine Heilversprechen und garantiert keine bestimmten gesundheitlichen Wirkungen. Es werden keine Aussagen getroffen, die gegen das Heilmittelwerbegesetz (HWG) oder das Arzneimittelgesetz (AMG) verstoßen. Falls Heilwirkungen erwähnt werden, beziehen sie sich auf überlieferte Anwendungen.

Die Informationen zu essbaren Pflanzen oder Kräutern entsprechen dem Aktuellen Wissensstand, doch die Verantwortung für deren sichere Identifikation und Verwendung liegt beim Leser. Vor dem Verzehr oder der äußeren Anwendung ist sicherzustellen, dass keine individuellen Unverträglichkeiten oder Wechselwirkungen mit Medikamenten bestehen.

Alle Rechte an den Texten liegen bei der Autorin. Die Nutzung und Weitergabe der Inhalte bedarf der schriftlichen Zustimmung, sofern nicht anders angegeben.